L¹³ₖ
426

AF262514

Nouvelle — Calédonie

COMMIS

DE

L'ADMINISTRATION PÉNITENTIAIRE

Leur Situation, — Motifs de leurs Réclamations, — Exposé des Améliorations qui pourraient être apportées.

4° LK¹³ 726

COPIE
d'une lettre adressée par la
voie hiérarchique.

Nouméa, le 4 Juin 1885.

Les Commis de l'Administration pénitentiaire à Monsieur le Ministre
de la Marine et des Colonies, à Paris.

MONSIEUR LE MINISTRE,

Par dépêche en date du 7 juin 1884, parvenue dans la colonie le 19 août suivant, votre prédécesseur nous a fait connaître qu'il lui était impossible de modifier le décret du 26 octobre 1882, en ce qui concerne l'admission des Commis ordinaires, entrés au Service antérieurement audit décret, au grade de Commis-rédacteurs, et qu'il ne pouvait accueillir en notre faveur les diverses propositions contenues dans le rapport de M. le Directeur Telle, que lui avait transmis l'autorité locale en l'appuyant d'un avis favorable.

La mise en vigueur du décret du 26 octobre 1882, portant réorganisation de l'Administration pénitentiaire, a apporté des modifications telles à notre situation que nous sommes contraints de venir, à nouveau, vous prier de vouloir bien faire subir, au texte de cet acte, divers changements en vue de sauvegarder nos intérêts.

Il est à remarquer, en effet, qu'aux termes du décret du 27 avril 1878, nous pouvions prétendre à un traitement colonial que nous avons vu réduire de 1,000 francs, tandis qu'au contraire la solde de début des Agents de cultures, traités sur le même pied, était augmentée de 500 francs, d'où il est résulté que des deux catégories d'agents dont il est question, et qui ont la même assimilation, l'une a été lésée, et l'autre avantagée, sans aucun motif valable.

Sans vouloir le moins du monde critiquer les considérations qui ont pu dicter cette ligne de conduite, permettez-nous cependant, Monsieur le Ministre, d'espérer que vous ne refuserez pas d'accorder à nos justes réclamations une sanction favorable.

Quelque modeste que soit la place que nous occupons dans la hiérarchie, nous n'en sommes pas moins chargés la plupart du temps de travaux très importants : ceux confiés à l'autre catégorie d'employés cités plus haut, sont au contraire très faciles.

La plupart du temps les intérêts de l'Etat sont confiés à des agents incapables de les soutenir : nous voulons parler des agents des Vivres et du Matériel. Sauf de rares exceptions, on est obligé de convenir que la plupart n'ont aucune notion de comptabilité. De la conséquence de leur situation d'incapacité résultent des pertes considérables qui seraient évitées en grande partie s'ils étaient soumis à des obligations d'aptitude analogues à celles qui nous sont imposées.

D'après le texte même de l'article 7 du décret de réorganisation, nous ne pouvons être admis à l'emploi de Commis, sauf les exceptions mentionnées audit article, sans avoir subi un examen, tandis que les deux catégories d'agents sus-désignés sont appelés à jouir d'un traitement supérieur sans être astreints à aucune épreuve, et de plus, peuvent obtenir des emplois de Commis-rédacteurs ou de Sous-chefs de bureau, dans les mêmes conditions, lorsqu'ils sont parvenus à une solde déterminée.

Bon nombre d'employés méritants sont mis de ce fait dans l'embarras. Ils voient primer leurs droits par des surprises : vous n'ignorez pas combien des choix d'un genre pareil démoralisent un corps. La logique impose, en conséquence, d'accorder aux uns les mêmes prérogatives qu'aux autres, ou de réduire dans des proportions notables les faveurs faites en dehors de notre cadre qui nous ont jusqu'à présent causé un préjudice si considérable.

La constitution du personnel civil est aujourd'hui définitive ; il s'en suit que les dispositions transitoires du décret de 1882 sont, de fait, abrogées ; cette situation devrait, de plus, amener le Département à considérer les fonctionnaires, agents et employés de notre Administration comme ne formant qu'un cadre unique où aucun étranger ne pourrait être admis qu'aux appointements de début de 2,500 francs.

Ces réformes impatiemment attendues mettraient fin à cette inquiétude persistante qui règne parmi un personnel jaloux de son devoir, et protégeraient les employés actuels en faisant renaître chez eux le courage et la persévérance.

L'article 16 qui établit, concurremment avec le tableau annexé, la hiérarchie du personnel de l'Administration pénitentiaire, ne donne l'assimilation qu'au point de vue de la retraite : depuis l'apparition de ce décret, différentes interprétations ont été faites touchant notre assimilation pour les passages, l'hospitalisation, etc. Nous vous signalons, entre autres faits, le suivant : les commis de 1re classe ont toujours figuré au budget dans la colonne « officiers et assimilés » ; le même document établi pour 1886 change cette classification pour ranger en bloc tous les commis ordinaires dans la colonne « sous-officiers et assimilés ». Aucun texte ne détermine exactement notre situation hiérarchique, comme cela existe pour nos collègues de toutes les autres administrations.

Le Département s'est du reste inquiété de cette situation puisque par dépêche du 28 avril 1883, n° 158, il a informé le Gouvernement Local que la question de classement à bord était soumise à l'examen d'une Commission chargée de réviser la circulaire du 22 avril 1880.

Vous comprendrez sans peine, Monsieur le Ministre, que nous sommes vivement désireux de voir cette question recevoir une solution prompte et conforme à nos désirs.

Si l'on se reporte aux considérants énoncés dans les paragraphes qui précèdent et que l'on veuille bien songer un peu à la facilité avec laquelle les agents de cultures ou ceux des vivres et du matériel peuvent arriver à se créer des situations supérieures, on est forcément amené à admettre que le fond du décret de réorganisation cause un préjudice considérable à une catégorie d'employés tout au moins aussi intéressante que les autres. Pour obvier à un tel inconvénient, il conviendrait de rendre les chances d'avancement uniformes et de reporter l'examen, actuellement exigé pour le grade de commis-rédacteur, à celui de sous-chef. Nous croyons devoir ajouter que des épreuves *écrites,* à l'exclusion de tout autre mode d'examen, constitueraient des garanties certaines d'impartialité.

Le titre de commis-rédacteur, remplacé par celui de commis-principal, serait plus en harmonie avec les administrations similaires des colonies, en créant deux classes de cette catégorie aux appointements de 4,000 et 4,500 francs, et en maintenant trois classes de commis à 2,500, 3,000 et 3,500 francs. Soyez persuadé, Monsieur le Ministre, que vous donnerez satisfaction à nos justes réclamations et ferez disparaître entièrement le découragement profond que notre situation actuelle nous fait ressentir.

Nous avons appelé votre bienveillante attention sur le vif désir que nous avions de ne voir admettre que des débutants à la classe inférieure de commis, parce que, depuis la promulgation du décret précité, nous avons malheureusement assisté au complément de notre effectif au moyen de sujets nommés directement à des classes supérieures, tandis que beaucoup d'entre nous sont encore à l'heure actuelle au dernier échelon de la hiérarchie.

Il est inutile que nous insistions plus longuement sur les tristes conséquences de l'article 7 dont la modification s'impose.

La crainte de vous importuner de nos doléances nous empêche de vous détailler les lourdes charges que notre séjour en Nouvelle-Calédonie nous impose : les logements, les vivres et les objets de première nécessité y sont à des prix très élevés, et ce n'est qu'avec beaucoup d'ordre et d'économie, tout en se privant, que l'on peut se procurer des vêtements convenables si l'on ne veut écarter la question d'amour-propre.

Bien au contraire, les agents de cultures exercent dans les établissements de l'intérieur des fonctions qui non-seulement ne leur suscitent que des dépenses relatives, mais encore leur permettent de réaliser des économies sérieuses.

Nous ne citerons que pour mémoire l'obligation d'assiduité et d'exactitude qui nous est imposée, et qui n'existe pas aussi étroitement pour les agents de cultures qui répartissent leur besogne un peu à leurs convenances.

En résumé, Monsieur le Ministre, nous osons espérer qu'en raison de la situation un peu sacrifiée qui nous a été faite jusqu'à ce jour, — situation dont nous n'avons voulu esquisser que les principaux traits défectueux, — vous voudrez bien accueillir favorablement notre requête et faire subir les modifications suivantes au décret qui nous régit :

1° Que faculté nous soit laissée de parvenir à la solde maxima de 4,500 francs, comme les agents de cultures auxquels nous sommes assimilés par correspondance hiérarchique ;

2° Que chaque avancement en classe soit de 500 francs ;

3° Que notre assimilation soit exactement celle des commis des autres administrations coloniales pour *l'activité* aussi bien que pour la retraite ;

4° Que le titre de commis-principal soit substitué à celui de commis-rédacteur pour les deux premières classes de ce grade actuel ;

5° Que les avancements soient donnés dans la proportion de 2/3 au choix et 1/3 à l'ancienneté ;

6° Que l'examen actuel, consistant désormais en épreuves écrites, soit reporté pour l'obtention du grade de sous-chef, sans l'intervention de limite d'âge ;

7° Enfin, que les dispositions transitoires du décret du 26 octobre 1882 soient abrogées, que tous les avancements et emplois supérieurs soient exclusivement réservés au personnel actuel et qu'aucune nomination ne soit faite désormais à une classe supérieure, en dehors du cadre des commis de l'Administration pénitentiaire.

Nous avons l'honneur d'être, avec un profond respect, Monsieur le Ministre, vos dévoués et obéissants serviteurs,

(Suivent les signatures).

COMMIS

DE

L'ADMINISTRATION PÉNITENTIAIRE

(Décret du 26 Octobre 1882)

Depuis sa formation, l'Administration pénitentiaire aux colonies, a subi dans la réorganisation de son personnel des phases diverses correspondant à l'importance toujours croissante de la Transportation.

Son Service administratif était, dès son début, assuré par des officiers et employés du Commissariat de la marine; mais bientôt les difficultés de recrutement de ce personnel motivèrent les décrets des 27 avril et 6 décembre 1878.

Cette administration compta dès lors, pour la première fois, des commis auxiliaires (civils) aux appointements de 2,500 fr. à 4,000 fr. par an, ayant à leur tête des officiers du Commissariat colonial.

Ces commis auxiliaires tenaient leur nomination du Ministre ou du Gouverneur, suivant qu'ils étaient nommés en France ou dans les colonies; ils servaient avec le même zèle et le même dévouement qu'ils servent aujourd'hui sous la direction des chefs et sous-chefs.

L'Administration supérieure voulant avantager ce personnel auxiliaire, en raison des services qu'il rendait et qu'il était appelé à rendre chaque jour, soumit au Président de la République un décret en date du 26 octobre 1882.

Dans son rapport au Chef de l'Etat, le 25 octobre, même année, le Ministre de la Marine et des Colonies s'exprimait ainsi :

. . . .

. . . .

« J'ai donc dû me préoccuper de remplir les vides de l'Administration « pénitentiaire au moyen d'employés civils.

« Il paraît d'ailleurs équitable d'accorder au personnel subalterne,
« moyennant des garanties de capacité, des chances plus grandes
« d'avancement, *en lui réservant des positions supérieures.*

« J'ai profité de cette circonstance pour mettre en relation les diffé-
« rents grades et fonctions dans le Service pénitentiaire et rendre
« ainsi, pour tous, *l'assimilation plus facile et l'avenir plus large.* »

D'après ce rapport, on s'attendait à une amélioration dans la position
du personnel subalterne, qui croyait pouvoir arriver à des appointements supérieurs à ceux fixés par les décrets de 1878.

Enfin, on était porté à penser que cet acte donnerait satisfaction à
tous.

Le texte du décret, son fonctionnement même, furent tout autres ; la
situation des commis, au lieu d'être améliorée, n'est devenue pour eux
qu'une existence par trop précaire. La solde annuelle de 4,000 fr., à
laquelle ils avaient droit par le décret de 1878, fut réduite à 3,000fr.; et
les emplois supérieurs à cette dernière solde, ont été réservés à des
étrangers, contrairement aux dispositions qu'il était permis d'entrevoir
dans le rapport précité.

Cette triste situation, faite à un personnel si méritant et déjà ancien
en service, a suscité de vives réclamations.

Le Département en a été saisi à plusieurs reprises, mais il n'a
jamais été donné satisfaction à ses requêtes, *bien qu'appuyées par ses
chefs.*

Aussi, le Sous-Secrétaire d'Etat de la Marine et des Colonies, com-
prenant la position qui était faite par le nouveau décret aux commis
des deux dernières classes, nomma-t-il des débutants, immédiatement
aux appointements de 3,000 fr. et au-dessus, alors que ceux qui ont
rendu et rendent encore, par leur expérience, plus de services que les
nouveaux, sont depuis 1881 à 2,500 fr.

Est-ce à dire pour cela, que l'on ne doit pas tenir compte aux uns des
diplômes de baccalauréat et aux autres des services antérieurs qu'ils
ont pu rendre à l'Etat ? Évidemment non. Ils pourraient être admis à
débuter comme commis de 3ᵉ classe, ainsi que cela se pratique d'ailleurs dans toutes les autres administrations coloniales, où aucun étranger ne peut être admis directement à un emploi supérieur, que dans
des cas tout-à-fait exceptionnels, le rouage administratif ne pouvant
s'acquérir que par une longue expérience des choses.

Comme on le voit, la situation des anciens commis est digne d'intérêt ; leurs modiques appointements, avec les lourdes charges de famille

et d'entretien qui découlent de leur état social, sont plus qu'insuffisants dans une colonie où la vie est excessivement chère.

Les faveurs accordées aux personnes étrangères, au détriment des autres, ne sont que les suites fatales du décret de 1882 où, pour la réorganisation de l'Administration pénitentiaire, on a écarté la meilleure des conditions : *l'aptitude.*

Les récentes nominations, faites directement à la première classe de commis, en font preuve, et sont regardées comme imméritées par ceux qui, restés en arrière, aspiraient à ce grade depuis longtemps.

Le Département a donc abandonné les anciens employés subalternes à leur malheureux sort ; par la jurisprudence qu'il a adoptée, il semble même méconnaître les droits acquis par les années de service, et pour lui, *aptitude est synonyme de solde ou traitement.*

Pour se convaincre de la manière dont l'avancement se fait, on n'a qu'à ouvrir le décret et se reporter aux articles 8 et 13 résumés dans le tableau ci-après :

AVANCEMENTS AUX EMPLOIS DE

ARTICLES	GRADES OU EMPLOIS	CONDITIONS EXIGÉES	
Art. 8	Chefs de bureau de 1re classe	Être chef de bureau de 2e classe ou jouir d'un traitement colonial de......................	8,000 fr.
	Id. 2e classe	Être chef de bureau de 3e classe ou jouir d'un traitement colonial de......................	7,000 fr.
	Id. 3e classe	Être sous-chef de bureau de 1re ou 2e classe ou jouir d'un traitement colonial de.............	5,500 fr.
	Sous-chefs de bureau de 1re classe	Être sous-chef de bureau de 2e classe ou jouir d'un traitement colonial de.................	5,500 fr.
	Id. 2e classe	Être sous-chef de bureau de 3e classe ou jouir d'un traitement colonial de.................	5,000 fr.
	Id. 3e classe	Être commis-rédacteur de 1re et 2e classe ou jouir d'un traitement colonial de.............	4,000 fr.
Art. 13	Commandants supérieurs et Agents généraux de cultures.	Être fonctionnaire de l'Administration pénitentiaire au traitement colonial de..............	6,000 fr.
	Commandants de pénitenciers et Agents de colonisation.	Être fonctionnaire de l'Administration pénitentiaire au traitement colonial de..............	4,000 fr.

En bonne règle, selon toutes les hiérarchies, l'avancement devrait être donné comme dans tous les corps organisés ; c'est-à-dire, que les chefs seraient recrutés parmi les sous-chefs, les sous-chefs parmi les commis-rédacteurs, et les commis-rédacteurs parmi les commis.

Malheureusement il n'en est pas ainsi, car pour citer un exemple

frappant : l'article 7 énonce que les emplois de rédacteur de 3ᵉ classe
sont donnés au concours, avec cette restriction que le Département se
réserve de nommer directement et sans examen :

1° Les officiers de terre et de mer et les assimilés ;

2° Les candidats pourvus d'un diplôme de bachelier ès-lettres ou ès-
sciences ;

3° Les commis des directions de port et les commis du Commissariat
de 2ᵉ classe.

Mais combiné avec l'article 9, § 3, l'article 7 est complètement modifié.

En effet, aux termes de ce paragraphe, les commis de toutes classes
peuvent être admis à concourir pour le grade de commis-rédacteur, s'ils
réunissent une année de service dans les bureaux et s'ils n'ont pas dépassé l'âge de 35 ans.

Cette limite d'âge, d'après les dispositions du paragraphe 4 du même
article, est reportée à 40 ans pour les commis de 3ᵉ et 4ᵉ classe qui
étaient en fonctions au moment de la promulgation du décret.

D'un autre côté, puisque cet examen est purement administratif,
pourquoi ne pas soumettre tous les candidats, bacheliers ou autres, à
cette épreuve ? Il y aurait eu là un acte d'équité et des garanties de capacité. (Voir arrêté du 7 septembre 1883, pièce n° 4).

Pourquoi fixer aussi la limite d'âge à 35 ans pour les commis admis
après 1882, et l'étendre à 40 ans pour ceux admis avant 1882 ? — Ce fait
s'explique difficilement, car les uns et les autres avaient droit aux
mêmes égards, comme ayant concouru en 1881 et 1882 sous l'empire
du même décret. Ils devaient donc, par ce fait, continuer à être traités
et classés comme commis de l'ancienne formation.

Ce mode de procéder, en harmonie avec nos lois existantes, a été déjà
appliqué aux commis de comptabilité des ports, et aurait évité au
décret de 1882 un effet pour ainsi dire rétroactif, qui a lésé les trois
quarts d'un personnel utile et soucieux de la tâche qu'on lui confie.

Enfin, pourquoi le Département s'est-il écarté des règles tracées par
les paragraphes 3 et 4 de l'article 9, en nommant directement commis-
rédacteurs, des employés qui avaient dépassé l'âge de 40 ans ? A-t-il
voulu se montrer généreux ou fort ? C'est ce que chacun ignore. (Voir
dépêche du 3 avril 1884, pièce n° 5).

On ne critique pas cette dernière mesure, mais on aurait pu l'appli-
quer également à ceux qui, par leur âge, se trouvent dans l'impossibilité de parvenir au grade supérieur.

Dans le rapport d'envoi du décret, cité plus haut, on y remarque le
langage suivant tenu par le Ministre :

. . . .

« rendre ainsi pour tous l'assimilation plus facile et l'avenir plus large. »

Est-ce à dire pour cela que cette assimilation existe ? Assurément non ; elle n'est prévue nulle part, et les classements à bord des bâtiments et à l'hôpital sont des plus déplorables.

On avait cru, un moment, que la dépêche ministérielle du 20 mars 1875 (dépêche de principe), insérée au Bulletin officiel de la marine, 1ᵉʳ semestre de la même année, page 311, était applicable aux commis de l'Administration pénitentiaire ; mais devant la réalité des faits, on a été convaincu du contraire. (Voir cette dépêche, pièce n° 1).

A bord des bâtiments, les commis de l'Administration pénitentiaire, bien que recevant les mêmes émoluments que leurs collègues des divers services coloniaux qui sont embarqués à la 2ᵉ classe à défaut d'aspirants, sont placés tantôt sur le pont, tantôt en troisième, tantôt en deuxième : Quelle différence, à mérite égal !

A l'hôpital, ils sont placés à la salle des sous-officiers, quoique subissant les mêmes retenues prévues au tarif n° 52 (divers services du décret du 1ᵉʳ juin 1875), que leurs collègues des autres administrations, qui sont admis avec les officiers, à défaut de salle d'employés.

Ce procédé très défectueux, dans le fond comme dans la forme, disparaîtra le jour où les Représentants de la Nation, appelés à défendre une cause si légitime, obtiendront la révision du décret de 1882, avec l'assimilation et les prérogatives semblables à celles des commis du Commissariat colonial et des commis des Directions de l'Intérieur.

Le tableau ci-dessous fera connaître avec plus de précision, combien cette différence de prérogative, d'assimilation et de solde est frappante et préjudiciable à tous les points de vue :

ADMINISTRATION PÉNITENTIAIRE	COMMISSARIAT COLONIAL	DIRECTION DE L'INTÉRIEUR
D'après le décret de 1882 :	D'après le décret du 12 mars 1884 :	D'après le décret du 16 juillet 1884 :
Commis de 1re classe. 3,000 fr.	Commis de 1re classe. 3,500 fr.	Commis de 1re classe. 3,500 fr.
— de 2e classe. 2,700 fr.	— de 2e classe. 3,000 fr.	— de 2e classe. 3,000 fr.
— de 3e classe. 2,500 fr.	— de 3e classe. 2,500 fr.	
D'après le décret de 1878 :		
Commis de 1re classe. 4,000 fr.		
— de 2e classe. 3,500 fr.		
— de 3e classe. 3,000 fr.		
— de 4e classe. 2,500 fr.		

Comme on le voit par ce tableau, il n'y a que les commis de l'Administration pénitentiaire qui ont été lésés par le nouveau décret de réorganisation, quoique la solde de début soit de 2,500 fr., comme celle des commis du Commissariat; mais ce dernier personnel est assuré d'avance que sa situation n'est que temporaire, et dans un espace de trois ou quatre ans, il arrivera soit à l'ancienneté, soit au choix, à une solde de 3,500 fr., limite que beaucoup de commis de l'Administration pénitentiaire se trouvent dans l'impossibilité d'atteindre.

En résumé, les commis de l'Administration pénitentiaire attendent, avec impatience, une nouvelle réorganisation excluant toute faveur, et laissant au mérite et à l'ancienneté le droit à l'avancement.

Ils demandent, en outre, la suppression du grade de commis-rédacteur, qui n'a pas sa raison d'être (dans une administration où tous les commis rédigent), et son remplacement par des commis principaux avec des attributions définies.

Cette transformation aurait pour conséquence l'amélioration des traitements des trois classes de commis sans grever le budget tel qu'il est établi pour 1886.

On verra plus loin, dans le projet de décret, le mode de recrutement des commis et commis principaux.

Pour démontrer d'une manière évidente que cette transformation n'entraînerait aucune dépense à l'Etat, il suffira de comparer les tableaux ci-après :

D'APRÈS LE PROJET :				D'APRÈS LE BUDGET DE 1886 :			
EFFECTIF	GRADES OU EMPLOIS		DÉPENSE	EFFECTIF	GRADES OU EMPLOIS		DÉPENSE
2	Commis principaux.	1re cl. 4,500 f. + 600 (1)	10,200 fr.	7	Commis rédacteurs.	1re cl. 4,500 f. + 600 (1)	35,700 fr.
4		2e cl. 4,000 + 600	18,400	8		2e cl. 4,000 + 600	36,800
				8		3e cl. 3,500 + 600	32,800
20	Commis.	1re cl. 3,500 + 600	82,000	13	Commis.	1re cl. 3,000 + 600	46,800
20		2e cl. 3,000 + 600	72,000	16		2e cl. 2,700 + 480	50,880
19		3e cl. 2,500 + 480	56,620	13		3e cl. 2,500 + 480	38,740
65		Total......	239,220 fr.	65		Total......	241,720 fr.

Report de la dépense du Projet...................... 239,220

Différence en moins à la charge du Budget.......... 2,500 fr.

(1) Indemnité de logement et d'ameublement.

La différence en moins de 2,500 fr. qui ressort au bénéfice du budget est insignifiante; mais la transformation des commis-rédacteurs en commis principaux constituerait une ère nouvelle qui, tout en étant en harmonie avec les autres administrations coloniales, donnerait une impulsion et un encouragement à un personnel qui se trouve à la veille de succomber.

Cette cause juste et légitime, repoussée à diverses reprises par le Département, ne peut être déférée à cette administration supérieure. Elle est appelée aujourd'hui à être défendue par les Représentants du pays ; et placée ainsi, entre les mains d'hommes intègres et dévoués, elle trouvera une solution favorable.

ANNEXE

Projet de Réorganisation:

ARTICLE 1er

Sans modifications.

Décret du 26 Octobre 1882:

ARTICLE 1er

L'Administration pénitentiaire comprend, dans chacune des colonies de la Guyane et de la Nouvelle-Calédonie :

1° Un directeur;

2° Un sous-directeur;

3° Un inspecteur principal et des inspecteurs de la Transportation;

4° Le personnel des bureaux de la direction, de la caisse, des services administratifs sur les pénitenciers, des agents des vivres et du matériel;

5° Les commandants supérieurs de pénitenciers, les agents généraux de cultures, les commandants de pénitenciers et les agents de colonisation et de cultures;

6° Les surveillants dont la situation est réglée par le décret du 20 novembre 1867, les commissaires de police et les agents de la police indigène;

7° Le personnel du service des travaux;

8° Les interprètes principaux et ordinaires.

ARTICLE 2

Sans modifications.

ARTICLE 3.

Sans modifications.

ARTICLE 4

*Le 1ᵉʳ paragraphe sans modi-
fications.*

ARTICLE 2

Le Directeur de l'Administration pénitentiaire est nommé par
le Président de la République.

Il est investi des fonctions déterminées par les décrets du 12
décembre 1874, pour la Nouvelle-
Calédonie, et 16 février 1878, pour
la Guyane française.

ARTICLE 3

Le Sous-Directeur, l'Inspecteur
principal et les inspecteurs de la
Transportation sont placés sous
les ordres immédiats du Directeur.

Le Sous-Directeur remplace le
Chef d'Administration lorsqu'il
est momentanément empêché ou
absent du Chef-lieu.

La surveillance et le contrôle du
service général sont exercés, sous
la haute direction du Chef de
l'Administration pénitentiaire,
par l'Inspecteur principal et les
inspecteurs de la Transportation.

Le nombre de ces fonctionnaires est fixé par le Ministre de
la Marine et des Colonies.

L'emploi d'inspecteur des camps
est supprimé.

ARTICLE 4

Les sous-directeurs sont choisis
parmi les inspecteurs principaux,
les chefs de bureau de l'Administration pénitentiaire, les commandants supérieurs de pénitenciers,
les agents généraux de cultures,
les officiers supérieurs de terre ou
de mer en activité ou en retraite,

Les inspecteurs de 3ᵉ classe sont recrutés parmi les commis principaux de 1ʳᵉ et 2ᵉ classe et les commis de 1ʳᵉ classe réunissant trois ans de service dans ce grade.

les fonctionnaires civils ayant au moins vingt ans de service dans l'Administration métropolitaine ou coloniale.

Les inspecteurs de 3ᵉ classe sont recrutés parmi les employés et agents de l'Administration pénitentiaire ayant un traitement minimum de 4,000 fr., et parmi les officiers de terre et de mer en activité ou en retraite, ou les fonctionnaires ou les employés civils ayant au moins dix années de service dans l'Administration métropolitaine ou coloniale.

ARTICLE 5

La hiérarchie dans le personnel des bureaux de l'Administration pénitentiaire est réglée de la manière suivante :

Chefs de bureau de 1ʳᵉ classe.
— de 2ᵉ classe.
— de 3ᵉ classe.
Sous-Chefs de bureau de 1ʳᵉ cl.
— de 2ᵉ cl.
— de 3ᵉ cl.
Commis principaux de 1ʳᵉ cl.
— de 2ᵉ cl.
Commis de 1ʳᵉ classe.
— de 2ᵉ classe.
— de 3ᵉ classe.

ARTICLE 5

La hiérarchie dans le personnel des bureaux de l'Administration pénitentiaire est réglée de la manière suivante :

Chefs de bureau de 1ʳᵉ classe.
— de 2ᵉ classe.
— de 3ᵉ classe.
Sous-Chefs de bureau de 1ʳᵉ cl.
— de 2ᵉ cl.
— de 3ᵉ cl.
Commis-rédacteurs de 1ʳᵉ cl.
— de 2ᵉ cl.
— de 3ᵉ cl.
Commis de 1ʳᵉ classe.
— de 2ᵉ classe.
— de 3ᵉ classe.

ARTICLE 6

Le nombre des chefs et sous-chefs est, au plus, égal à celui des bureaux.
Le nombre de ces fonctionnaires, celui des commis prin-

ARTICLE 6

Le nombre des chefs et sous-chefs est, au plus, égal à celui des bureaux.
Le nombre de ces fonctionnaires, celui des commis-rédac-

cipaux *et commis, est fixé par le Ministre de la Marine et des Colonies sur la proposition des Gouverneurs.*

ARTICLE 7

Nul ne peut être admis dans les bureaux de l'Administration pénitentiaire qu'à l'emploi de commis de 3ᵉ classe, et après avoir subi un examen dont les conditions sont déterminées par arrêté du Ministre de la Marine et des Colonies. (Voir dépéche du 9 mars 1881, pièce n° 2).

Toutefois, peuvent être nommés à l'emploi de commis de 3ᵉ classe, sans avoir à subir l'examen :

1° Les officiers de terre et de mer et les assimilés;

2° Les candidats pourvus d'un diplôme de bachelier ès-lettres ou ès-sciences;

3° Les candidats comptant au moins trois ans de service comme commis titulaires dans une Administration de l'Etat.

teurs et commis, est fixé par le Ministre de la Marine et des Colonies sur la proposition des Gouverneurs.

ARTICLE 7

Nul ne peut être admis dans les bureaux de l'Administration pénitentiaire, soit à l'emploi de commis-rédacteur de 3ᵉ classe, soit à l'emploi de commis de 3ᵉ classe, sans avoir subi un examen dont les conditions sont déterminées par arrêté du Ministre de la Marine et des Colonies pour l'admission à chacun de ces emplois. (Voir dépêche du 7 septembre 1884, pièce n° 4).

Toutefois, peuvent être nommés à l'emploi de commis-rédacteur de 3ᵉ classe, sans avoir à subir l'examen :

1° Les officiers de terre et de mer et les assimilés;

2° Les candidats pourvus d'un diplôme de bachelier ès-lettres ou ès-sciences;

3° Les commis des Directions de port et les commis du Commissariat de 2ᵉ classe.

Peuvent être dispensés de l'examen pour le grade de commis, les candidats comptant au moins trois ans de service comme commis titulaires dans une Administration de l'Etat.

Les commis des Directions de port et les commis du Commissariat de 3ᵉ classe penvent être nommés commis de 1ʳᵉ classe ainsi que les commis titulaires des Administrations Métropolitaine **et**

Coloniale, ayant au moins six années de service à l'Etat.

Les sous-officiers admis à la retraite proportionnelle et ayant satisfait aux conditions d'examen peuvent être nommés directement commis de 2ᵉ classe.

ARTICLE 8

Les chefs de bureau de 1ʳᵉ classe sont recrutés parmi les chefs de bureau de 2ᵉ classe ou les inspecteurs principaux et commandants supérieurs de pénitenciers de 2ᵉ classe, ayant servi dans les bureaux avec le grade de commis, au moins.

Les chefs de bureau de 2ᵉ classe sont recrutés parmi les chefs de bureau de 3ᵉ classe, ou les inspecteurs principaux et commandants supérieurs de pénitenciers de 3ᵉ classe, ayant servi dans les bureaux avec le grade de commis, au moins.

Les chefs de bureau de 3ᵉ classe sont recrutés parmi les sous-chefs de 1ʳᵉ et de 2ᵉ classe ou les inspecteurs et commandants de pénitenciers de 1ʳᵉ et de 2ᵉ classe, ayant servi dans les bureaux avec le grade de commis, au moins.

Les sous-chefs de bureau de 1ʳᵉ classe sont recrutés parmi les sous-chefs de bureau de 2ᵉ classe ou les inspecteurs et les commandants de pénitenciers de 1ʳᵉ et

ARTICLE 8

Les chefs de bureau de 1ʳᵉ classe sont recrutés parmi les chefs de bureau de 2ᵉ classe et les fonctionnaires et employés de l'Administration pénitentiaire aux colonies, jouissant d'un traitement colonial de 8,000 francs.

Les chefs de bureau de 2ᵉ classe sont recrutés parmi les chefs de bureau de 3ᵉ classe et les fonctionnaires et employés de l'Administration pénitentiaire aux colonies jouissant d'un traitement colonial de 7,000 francs.

Les chefs de bureau de 3ᵉ classe sont recrutés parmi les sous-chefs de 1ʳᵉ et de 2ᵉ classe, les fonctionnaires et employés de l'Administration pénitentiaire, jouissant d'un traitement colonial de 5,500 fr. et les employés de l'Administration centrale du Ministère ayant le grade de commis principal.

Les sous-chefs de bureau de 1ʳᵉ classe sont recrutés parmi les sous-chefs de bureau de 2ᵉ classe et les fonctionnaires et employés de l'Administration pénitentiaire *de 2ᵉ classe ayant servi dans les bureaux avec le grade de commis, au moins.*

Les sous-chefs de bureau de 2e classe sont recrutés parmi les sous-chefs de bureau de 3e classe ou les inspecteurs et les commandants de pénitenciers de 3e classe ayant servi dans les bureaux avec le grade de commis, au moins.

Les emplois de sous-chefs de bureau de 3e classe sont conférés jusqu'à concurrence des deux tiers des vacances, un tiers au choix, un tiers à l'ancienneté, aux commis principaux de 1re et de 2e classe ayant un an de service dans le grade.

L'autre tiers est réservé aux candidats admis à la suite d'un concours dont les conditions sont déterminées par un arrêté du Ministre de la Marine et des Colonies.

Sont admis à prendre part à ce concours, sans limite d'âge :

Les commis principaux de 1re et de 2e classe, les commis de 1re classe et les assimilés réunissant trois années de service depuis leur nomination à l'emploi de commis et d'assimilés.

Article 9

Les avancements en grade et en classe des chefs, sous-chefs, commis principaux et commis,

jouissant d'un traitement colonial de 5,500 francs.

Les sous-chefs de bureau de 2e classe sont recrutés parmi les sous-chefs de bureau de 3e classe et les fonctionnaires et employés de l'Administration pénitentiaire jouissant d'un traitement colonial de 5,000 francs.

Les sous-chefs de bureau de 3e classe sont recrutés parmi les commis-rédacteurs de 1re et de 2e classe, les employés de l'Administration pénitentiaire jouissant d'un traitement colonial de 4,000 francs, et les employés de l'Administration centrale du Ministère ayant le grade de commis de 3e classe.

Article 9

Les nominations des chefs et sous-chefs sont faites au choix.

Les avancements en classe des chefs, sous-chefs, commis-rédacteurs et commis, sont donnés

sont donnés deux tiers au choix et un tiers à l'ancienneté.

Toutefois, les emplois de sous-chefs de bureau de 3e classe sont conférés conformément à l'art. 8 ci-dessus.

moitié aux choix, moitié à l'ancienneté.

Les commis de toutes classes peuvent être admis à concourir pour le grade de commis-rédacteur de 3e classe, pourvu qu'ils aient une année de service dans les bureaux de l'Administration pénitentiaire et qu'ils n'aient pas dépassé l'âge de trente-cinq ans.

Toutefois, cette limite d'âge est reportée à quarante ans pour les commis actuels de 3e et 4e classe en fonctions au moment de la promulgation du présent décret.

Sont également admis à concourir dans les mêmes conditions les agents de l'Administration pénitentiaire ayant un traitement colonial minimum de 2,500 fr.

ARTICLE 10

Le service administratif sur chaque pénitencier est confié, selon l'importance du pénitencier, soit à un sous-chef de bureau, soit à un commis principal; il prend le titre d'officier d'administration.

Le nombre de ces emplois est fixé par le Ministre de la Marine et des Colonies sur la proposition des Gouverneurs de la Guyane et de la Nouvelle-Calédonie.

ARTICLE 10

Le service administratif sur chaque pénitencier est confié, selon l'importance du pénitencier, soit à un sous-chef de bureau, soit à un commis-rédacteur; il prend le titre d'officier d'administration.

Le nombre de ces emplois est fixé par le Ministre de la Marine et des Colonies sur la proposition des Gouverneurs de la Guyane et de la Nouvelle-Calédonie.

ARTICLE 11

Les deux premiers paragraphes sans modifications.

ARTICLE 11

Le service de la caisse comprend des caissiers et sous-caissiers dont les traitements sont déterminés dans le tableau annexé au présent décret.

Les sous-caissiers de 3e classe sont recrutés parmi les commis principaux de 1re et 2e classe et les commis de 1re classe.

ARTICLE 12

Sans modifications.

ARTICLE 13

Les commandants supérieurs sont recrutés parmi les commandants de pénitenciers de 1re classe.

Les agents généraux de cultures sont recrutés exclusivement parmi les agents de colonisation de 1re classe.

Les commandants de pénitenciers sont recrutés parmi les commis principaux de 1re et de 2e classe.

Les agents de colonisation sont recrutés exclusivement parmi les agents de cultures de 1re et de 2e classe.

Les agents de cultures sont re-

Les caissiers de 3e classe sont recrutés parmi les sous-caissiers de 1re classe et sous-chefs de bureau de 3e classe.

Les sous-caissiers de 3e classe sont recrutés parmi les commis-rédacteurs de 3e classe.

ARTICLE 12

Le commandement des pénitenciers est confié soit à des commandants supérieurs, soit à des commandants.

Le service des cultures est exercé par des agents généraux de cultures, par des agents de colonisation et des agents de cultures.

Le cadre de ces fonctionnaires et agents est fixé par le Ministre de la Marine et des colonies.

ARTICLE 13

Les commandants supérieurs et les agents généraux de cultures sont recrutés parmi les fonctionnaires de l'Administration pénitentiaire ayant un traitement colonial minimum de 6,000 fr. et ayant droit à l'avancement.

Les commandants de pénitenciers et les agents de colonisation sont recrutés parmi les employés et agents de l'Administration pénitentiaire jouissant d'un traitement minimum de 4,000 fr. et parmi les officiers et fonctionnaires réunissant au moins dix années de service à l'Etat.

Les agents de cultures sont re-

crutés parmi les élèves diplômés des écoles d'agriculture de la Métropole et parmi les candidats justifiant de connaissances spéciales pour les cultures coloniales.

ARTICLE 14

Sans modifications.

crutés parmi les élèves diplômés des écoles d'agriculture de la Métropole et parmi les candidats justifiant de connaissances spéciales pour les cultures coloniales.

ARTICLE 14

Les nominations à tous les emplois dans le personnel de l'Administration pénitentiaire sont réservées au Ministre de la Marine et des Colonies.

Les avancements en grade et en classe sont également accordés par le Ministre de la Marine et des Colonies sur la proposition des Gouverneurs de la Guyane et de la Nouvelle-Calédonie.

Nul ne peut être avancé en grade s'il ne compte au moins deux ans de service dans le grade inférieur, et en classe s'il ne compte au moins un an de service dans la classe inférieure.

ARTICLE 15

Les peines disciplinaires applicables aux fonctionnaires de l'Administration pénitentiaire sont les suivantes :
La réprimande ;
La suspension de fonctions ;
La rétrogradation de classe ou d'emploi ;
La révocation.
La réprimande est prononcée pour tous les employés par le Gouverneur sur la proposition du Directeur de l'Administration pénitentiaire.

ARTICLE 15

En cas de faute grave, les fonctionnaires peuvent être suspendus ou révoqués.

A partir du grade de sous-chef de bureau, la suspension est prononcée par le Gouverneur en Conseil privé ; le Ministre en fixe la durée.

La révocation de tout fonctionnaire ou agent est prononcée par le Ministre sur le rapport du Gouverneur en Conseil privé, et après avis d'une Commission d'enquête composée conformément au ta-

La suspension de fonctions est prononcée pour tous les employés par le Gouverneur en Conseil privé. Elle comporte la privation de la moitié de la solde pour une durée de deux mois au plus.

La rétrogradation et la révocation de tout fonctionnaire ou agent est prononcée par le Ministre sur le rapport du Gouverneur en Conseil privé.

Les peines de la rétrogradation et de la révocation ne peuvent être prononcées qu'après avis d'une Commission d'enquête composée conformément au tableau n° 2 annexé au présent projet, dans laquelle l'agent, s'il le demande, est entendu dans ses moyens de défense, il peut se pésenter, soit personnellement, soit par écrit.

L'arrêté du Gouverneur ou du Ministre, suivant le cas, est motivé et vise l'avis de la Commission d'enquête.

Article 16

La correspondance hiérarchique tant pour l'activité que pour le traitement de la pension de retraite est déterminée conformément au tableau n° 3 annexé au présent projet.

Article 17

Sans modifications.

bleau n° 2 annexé au présent décret.

Article 16

La solde et la correspondance hiérarchique pour la fixation de la retraite du personnel de l'Administration pénitentiaire sont déterminées conformément au tableau n° 1 annexé au présent décret.

Article 17

Des indemnités de logement sont accordées aux fonctionnaires, employés et agents de l'Administration pénitentiaire qui ne peuvent être logés dans les bâtiments de l'Etat.

Ces indemnités sont fixées ainsi qu'il suit :

Fonctionnaires ayant un traitement de 9,000 fr. et au-dessus, 1,500 fr.;

Fonctionnaires ayant un traitement de 7,000 fr. à 9,000 fr., 1,200 fr.;

Fonctionnaires ayant un traitement de 5,000 fr. à 7,000 fr., 900 fr.;

Fonctionnaires ayant un traitement de 3,000 fr. à 5,000 fr., 600 fr.;

Fonctionnaires ayant un traitement inférieur à 3,000 f., 480 fr.

ARTICLE 18
Sans modifications.

ARTICLE 18

La solde coloniale du personnel des Ponts-et-Chaussées attaché au service pénitentiaire est fixée conformément au tableau n° 1 annexé au présent décret.

ARTICLE 19
Sans modifications.

ARTICLE 19

Le costume est obligatoire dans les cérémonies publiques et en service pour le Directeur de l'Administration pénitentiaire , les sous-directeurs, les inspecteurs principaux et ordinaires, les commandants supérieurs et les commandants de pénitenciers, les agents généraux des cultures et les agents de colonisation.

Un arrêté du Ministre de la Marine et des Colonies déterminera le costume et les insignes de ces différents grades ou fonctions.

ARTICLE 20

Sans modifications.

ARTICLE 20

Les bureaux de l'Administration pénitentiaire à la Nouvelle-Calédonie sont organisés ainsi qu'il suit :

1er Bureau : Secrétariat et Comptabilité;

2e Bureau : Personnel;

3e — Matériel;

4^c — Vivres et Hôpitaux.

A la Guyane, les bureaux du Matériel, des Vivres et des Hôpitaux sont réunis en un seul.

Les attributions des bureaux sont réglées par arrêté du Gouverneur pris en Conseil privé et soumis à l'approbation du Ministre de la Marine et des Colonies.

ARTICLE 21

Sans modifications.

ARTICLE 21

Sont maintenues toutes les dispositions des décrets des 12 décembre 1874, 16 février, 27 avril et 6 décembre 1878, qui ne sont pas contraires à celles du présent décret.

Dispositions transitoires :

ARTICLE 22

A supprimer.

ARTICLE 22

Jusqu'à la constitution définitive du personnel civil des bureaux de l'Administration pénitentiaire, les emplois de chefs et de sous-chefs pourront être donnés, à défaut des candidats désignés à l'article 8 du présent décret, à des officiers en activité ou en retraite, ou à des fonctionnaires civils réunissant au moins dix ans de service à l'Etat.

En outre, jusqu'à la constitution du personnel civil, les emplois de sous-chefs de bureau de 3e classe pourront être confiés aux employés ou agents de l'Administration pénitentiaire dont le traitement s'élève à 3,500 francs.

Article 23

A supprimer.

Article 23

Les officiers du Commissariat pourront, pendant une période de cinq ans, à partir de la promulgation du présent décret, être détachés dans l'Administration pénitentiaire sans renoncer à leur grade ni à l'avancement dans le corps.

Ils seront placés hors cadres.

Article 24

A supprimer.

Article 24

Les fonctionnaires, employés ou agents de l'Administration pénitentiaire qui jouissent d'un traitement supérieur à ceux fixés par le tableau n° 1 annexé au présent décret, conservent ce traitement.

Article 25

Qui prend le n° 22, sans modifications.

Article 25

Le Ministre de la Marine et des Colonies est chargé de l'exécution du présent décret, qui sera inséré au Journal officiel et au Bulletin de la Marine et des Colonies.

TABLEAU N° 1

(du Projet de réorganisation)

FIXANT LES TRAITEMENTS DU PERSONNEL DE L'ADMINISTRATION PÉNITENTIAIRE
AUX COLONIES :

DÉSIGNATION DES FONCTIONNAIRES ET AGENTS		TRAITEMENT		OBSERVATIONS
		D'EUROPE	COLONIAL	
		FR.	RF.	
Directeur		7,000	14,000	Voir pour l'assimilation générale le tableau n° 3 annexé.
Sous-Directeur		5,000	10,000	
Chefs de bureau	1re cl.	4,500	9,000	
—	2e cl.	4,000	8,000	
—	3e cl.	3,500	7,000	
Sous-Chefs de bureau	1re cl.	3,000	6,000	
—	2e cl.	2,750	5,500	
—	3e cl.	2,500	5,000	
Commis principaux	1re cl.	2,250	4,500	
—	2e cl.	2,000	4,000	
Commis	1re cl.	1,750	3,500	
—	2e cl.	1,500	3,000	
—	3e cl.	1,250	2,500	
Caissier	1re cl.	3,500	7,000	
—	2e cl.	3,000	6,000	
—	3e cl.	2,750	5,500	
Sous-Caissier	1re cl.	2,500	5,000	
—	2e cl.	2,250	4,500	
—	3e cl.	2,000	4,000	
Inspecteurs principaux, Commandants supérieurs, de pénitenciers, Agents généraux de cultures.	1re cl.	4,500	9,000	
	2e cl.	4,000	8,000	
	3e cl.	3,500	7,000	
Inspecteurs, Commandants de pénit., Agents de colonisation.	1re cl.	3,000	6,000	
	2e cl.	2,75	5,500	
	3e cl.	2,500	5,000	
Agents de cultures	1re cl.	2,250	4,500	
—	2e cl.	2,000	4,000	
—	3e cl.	1,750	3,500	
—	4e cl.	1,500	3,000	
Interprètes principaux	1re cl.	4,000	8,000	
—	2e cl.	3,500	7,000	
—	3e cl.	3,000	6,000	
Interprètes ordinaires	1re cl.	2,500	5,000	
—	2e cl.	2,250	4,500	
—	3e cl.	2,000	4,000	
Chef du Service des trav.	1re cl.	4,500	9,000	
—	2e cl.	3,500	8,000	
—	3e cl.	3,500	7,000	
Conducteur principal		3,000	6,000	
Conducteurs des P.-et-Ch.	1re cl.	2,600	5.000	
—	2e cl.	2,200	4,500	
—	3e cl.	1,800	4,000	
—	4e cl.	1,500	3,500	
Agents secondaires et piq.	1re cl.	1,500	3,000	
—	2e cl.	1,500	2,500	
—	3e cl.	1,200	2,000	
—	4e cl.	1,200	1,800	

TABLEAU N° 1

(du Décret du 26 octobre 1882)

FIXANT LES TRAITEMENTS & LA CORRESPONDANCE HIÉRARCHIQUE EN CE QUI CONCERNE LE PERSONNEL DE L'ADMINISTRATION PÉNITENTIAIRE AUX COLONIES :

DÉSIGNATION DES FONCTIONNAIRES ET AGENTS		TRAITEMENT		CORRESPONDANCE HIÉRARCHIQUE
		D'EUROPE	COLONIAL	
		FR.	FR.	
Directeur		7,000	14,000	Directeur de l'Intérieur.
Sous-Directeur		5,000	10,000	Secrétaire général à la Direction de l'Intérieur.
Chefs de bureau	1re cl.	4,500	9,000	Chef de bureau de 1re cl. à la Direction de l'Int.
—	2e cl.	4,000	8,000	— de 2e cl. —
—	3e cl.	3,500	7,000	— — —
Sous-Chefs de bureau	1re cl.	3,000	6,000	S.-Chefs de bureau de 1re cl. à la Direct. de l'Int.
—	2e cl.	2,750	5,50	— de 2e cl. —
—	3e cl.	2,500	5,000	— — —
Commis-rédacteurs	1re cl.	2,250	4,500	Commis de la Direction de l'Intérieur.
—	2e cl.	2,000	4,000	— —
—	3e cl.	1,750	3,500	— —
Commis	1re cl.	1,500	3,000	— —
—	2e cl.	1,350	2,700	— —
—	3e cl.	1,250	2,500	— —
Caissier	1re cl.	3,500	7,000	Chef de bureau de 2e cl. de la Direction de l'Int.
—	2e cl.	3,000	6,000	S.-Chef de bureau de 1re cl. —
—	3e cl.	2.750	5,500	— 2e cl. —
Sous-Caissier	1re cl.	2,500	5,000	— — —
—	2e cl.	2,250	4,500	Commis de la Direction de l'Intérieur.
—	3e cl.	2,000	4,000	— —
Inspecteurs principaux, Commandants supérieurs de pénitenciers, Agents généraux de cultures.	1re cl.	4,500	9,000	Chef de bureau de 1re cl. de la Direction de l'Int.
	2e cl.	4,000	8,000	— 2e cl. —
	3e cl.	3,500	7,000	— — —
Inspecteurs, Commandants de pénit., Agents de colonisation.	1re cl.	3,00	6,000	S.-Chef de bureau de 1re cl. de la Direction de l'Int.
	2e cl.	2,750	5,500	— de 2e cl. —
	3e cl.	2,50	5,000	— — —
Agents de cultures	1re cl.	2,250	4,500	Commis de la Direction de l'Intérieur.
—	2e cl.	2,000	4,000	— —
—	3e cl.	1,750	3,500	— —
—	4e cl.	1,500	3,000	— —
Interprètes principaux	1re cl.	4,000	8,000	Parité d'office avec les interprètes d'Algérie.
—	2e cl.	3,500	7,000	— —
—	3e cl.	3,000	6,000	— —
Interprètes ordinaires	1re cl.	2,500	5,000	— —
—	2e cl.	2,250	4,500	— —
—	3e cl.	2,000	4.000	— —
Chef du Service des trav.	1re cl.	4,500	9,000	Ingénieurs ordinaires de 1re cl.
—	2e cl.	3,500	8,000	— de 2e cl.
—	3e cl.	3,500	7,00	— —
Conducteur principal		3,000	6,000	Conducteur principal.
Conducteurs des P.-et-Ch.	1re cl.	2,600	5,000	Conducteurs embrigadés des mêmes classes.
—	2e cl.	2,200	4,500	— —
—	3e cl.	1,800	4,000	— —
—	4e cl.	1,500	3,500	— —
Agents secondaires et piq.	1re cl.	1,500	3,000	Agents secondaires de 1re cl.
—	2e cl.	1,500	2,500	— —
—	3e cl.	1,200	2,000	— 2e cl.
—	4e cl.	1,200	1,800	— —

TABLEAU N° 2
(du Projet de réorganisation)

COMPOSITION DE LA COMMISSION D'ENQUÊTE :

CATÉGORIES	PRÉSIDENT	MEMBRES
Première Catégorie : Chefs de bureau ou autres fonctionnaires ayant la même correspondance hiérarchique.	Le Directeur ou le Sous-Directeur de l'Administration pénitentiaire.	Un Chef de bureau de la Direction de l'Intérieur, un fonctionnaire de l'Administration pénitentiaire de la même catégorie que celui qui fait l'objet de l'enquête.
Deuxième Catégorie : Sous-Chefs de bureau ou autres fonctionnaires ayant la même correspondance hiérarchique.	Le Directeur ou le Sous-Directeur de l'Administration pénitentiaire.	Un Chef de bureau de la Direction de l'Intérieur, un fonctionnaire de la 2e catégorie.
Troisième Catégorie : *Commis principaux*, commis et autres agents.	Un fonctionnaire de la 1re catégorie.	Un Sous-Chef de bureau de la Direction de l'Intérieur, un employé de la 3e catégor.

ANNEXI

TABLEAU DÉTERMINANT LE CLASSEMENT DES FONCTIONNAIRES & EMPLOYÉS DE L'ADMINIST

DÉSIGNATION des Corps ou Services	OFFICIERS Généraux et Assimilés	OFFICIERS SUPÉRIEURS ET ASSIMILÈS	OFFICIERS INFÉRIEURS ET ASSIMILÉS
TRANSPORTATION		Directeur. Sous-Directeur Chef de bureau de 1re classe. Inspecteur principal de 1re classe. Commandant supérieur de pénitencier de 1re cl. Agent général de culture de 1re classe. Interprète principal de 1re classe. Chef du service des travaux de 1re classe. Vérificateur de 1re classe du serv. topographique.	SERVICE PÉNITENTIA Chefs de bureau de 2e et 3e classe. Sous-chefs de bureau. Commis principaux. Caissiers. Sous-caissiers. Inspecteur principal de 2e et 3e classe. Commandant supérieur de pénitencier de 2e et 3e classe. Agent général de culture de 2e et 3e classe. Inspecteurs ordinaires. Commandants de pénitenciers. Agents de colonisation. Agents de cultures de 1re et 2e classe. Interprète principal de 2e et 3e classe. Interprètes ordinaires. Chef du service des travaux de 2e et 3e classe. Conducteur principal. Garde-magasin principal. Surveillant principal. — chef. Aumônier. Pasteur protestant. Vétèrinaire. Chef mécanicien. Commissaire de police. Chef de la police indigène. Sœurs.

TABLEAU Nº 2
(du décret du 26 octobre 1882)

COMPOSITION DE LA COMMISSION D'ENQUÊTE:

CATÉGORIES	PRÉSIDENT	MEMBRES
Première Catégorie : Chefs de bureau ou autres fonctionnaires ayant la même correspondance hiérarchique.	Le Directeur ou le Sous-Directeur de l'Administration pénitentiaire.	Un Chef de bureau de la Direction de l'Intérieur, un fonctionnaire de l'Administration pénitentiaire de la même catégorie que celui qui fait l'objet de l'enquête.
Deuxième Catégorie : Sous-chefs de bureau ou autres fonctionnaires ayant la même correspondance hiérarchique.	Le Directeur ou le Sous-Directeur de l'Administration pénitentiaire.	Un Chef de bureau de la Direction de l'Intérieur, un fonctionnaire de la 2e catégorie.
Troisième Catégorie : Commis-rédacteurs, commis et autres agents.	Un fonctionnaire de la 1re catégorie.	Un Sous-Chef de bureau de la Direction de l'Intérieur, un employé de la 3e catégor.

Nº 3

...TION PÉNITENTIAIRE A BORD DES BATIMENTS, EN TRAITEMENT DANS LES HOPITAUX & EN ROUTE

ASPIRANTS ET ASSIMILÉS	MAITRES ET ASSIMILÉS	2es MAITRES ET ASSIMILÉS	Quartiers-Maîtres et Assimilés	OBSERVATIONS
Commis (1) Instituteurs. Agents de culture de 3e et 4e classe. Conducteur des ponts et chaussées. Géomètres. Gardes-magasins. Greffier. Frères instituteurs.	1ers commis aux vivres. Magasiniers de 1re et 2e classe. Piqueurs et agents secondaires. Surveillant militaire de 1re classe. Agent de chalandage. Mécanicien. Contre-maître.	2es commis aux vivres. Magasiniers de 3e et 4e classe. Surveillants militaires de 2e et 3e cl.	Distributeurs.	(1) Classement des commis des autres administrations. — Ce tableau sert de base pour le classement du personnel désigné ci-contre, à bord des bâtiments, à l'hôpital et en route. La fixation de la pension de retraite reste déterminée par les tarifs en vigueur.

Nouméa, le 6 juin 1885.

Les Commis de l'Administration pénitentiaire,

(Suivent les signatures.

Pièce N° 1

Le Ministre de la Marine et des Colonies à Messieurs les Préfets maritimes.

Paris, le 20 mars 1875.

Règles à suivre pour le traitement dans les hôpitaux, des Aspirants, des Aides-médecins et des Aides-pharmaciens, ainsi que des commis et écrivains.

Messieurs..
....

Afin de prévenir toute divergence dans la manière de procéder à cet égard, j'ai adopté les mesures suivantes :

1° Les aspirants de 1re classe et de 2e classe, les aides-médecins et les aides-pharmaciens seront désormais admis et traités dans les salles d'officiers.

2° Seront admis et traités dans les salles spéciales, dites jusqu'à ce jour salles des aspirants, et qui prendront la dénomination de salles des employés de l'Administration, les *commis de tous les services et de toutes les classes, les auxiliaires civils du Commissariat, les écrivains des Directions de travaux et ceux du corps des comptables.*

3° Ces employés seront traités, quant à l'ordinaire, comme l'étaient les aspirants.

J'ai l'honneur de vous prier de donner les ordres nécessaires pour assurer la ponctuelle exécution des dispositions qui précèdent.

Recevez, etc.

Le Ministre de la Marine et des Colonies,

Signé : MONTAIGNAC.

Pièce N° 2

Arrêté ministériel déterminant le programme d'examen pour les Commis de l'Administration pénitentiaire de la Guyane et de la Nouvelle-Calédonie.

(9 mars 1881)

....
....

Pourront être dispensés de cet examen :

1° Les candidats pourvus du diplôme de bachelier ès-lettres ou ès-sciences.

2° Les officiers de terre ou de mer.

3° Les candidats comptant au moins 3 ans de service dans une administration de l'Etat comme commis ou employés aux écritures.

....
....

Art. 3. — L'examen se compose d'une épreuve écrite qui comprend :

1° Une dictée ;

2° Une rédac'ion qui servira en même temps de modèle d'écriture ;
3° Le tracé d'un état de comptabilité d'après des indications données au moment de l'examen ;
4° Une ou plusieurs questions sur la géographie générale ;
5° Un ou plusieurs problèmes d'arithmétique et une ou plusieurs questions sur le système métrique.

 Art. 6. — ....
....

 Les compositions seront adressées au Département et soumises à la Commission chargée du classement des candidats.

....

Signé : CLOUÉ.

Pièce N° 3

Nomination au grade de Commis-Rédacteur de l'Administration pénitentiaire.

Paris, le 23 juillet 1883.

(N° 736)

MONSIEUR LE GOUVERNEUR,

....
....

 Quant à la nomination au grade de commis-rédacteur de 3e classe des bacheliers ès-lettres ou ès-sciences, elle n'aura lieu que lorsque ceux-ci compteront quelques années de service à l'État, et lorsqu'ils auront donné des preuves de leur zèle et de leur capacité.

....

Recevez, etc.

Signé : CH. BRUN.

Les agents de cultures, des vivres et du matériel, les surveillants principaux et chefs qui n'ont jamais servi dans les bureaux offrent-ils plus de garantie de capacité que les commis ?

Pièce N° 4

Arrêté ministériel déterminant le programme d'examen pour l'emploi de commis-rédacteur de 3° classe de l'Administration pénitentiaire aux colonies.

Colonies : 2e bureau. — Administration Intérieure : colonisation libre et pénale

(Du 7 septembre 1883)

LE VICE-AMIRAL, MINISTRE DE LA MARINE ET DES COLONIES,

Vu l'arrêté ministériel du 9 mars 1881 ;

Vu le décret du 26 octobre 1882, portant réorganisation du personnel de l'Administration pénitentiaire aux colonies, et notamment les articles 7 et 9 ;
Sur le rapport du Conseiller d'Etat, Directeur des colonies,

ARRÊTE :

Art. 1er. — 1° Pour être admis à subir l'examen de commis-rédacteur de 3e classe, les candidats devront justifier :

1° Qu'ils n'ont pas dépassé l'âge de 35 ans au moment de l'examen. Toutefois, cette limite d'âge est reportée à 40 ans pour les commis qui étaient de 3e ou de 4e classe au moment de la promulgation du décret du 26 octobre 1882 ;

2° Qu'ils comptent au moins une année de service comme commis ordinaire dans les bureaux de l'Administration pénitentiaire ;

Sont également autorisés à concourir dans les mêmes conditions les agents de l'Administration pénitentiaire ayant un traitement colonial minimum de 2,500 francs, accessoires non compris.

Art. 2. — L'examen porte :

1° Sur les lois, décrets, arrêtés et décisions concernant le service de la Transportation ;

2° Sur les actes les plus importants communs aux différents services de la Marine, sur la géographie physique et politique de la France et des colonies françaises. La liste de ces actes est arrêtée chaque année par le Ministre et notifiée aux Gouverneurs.

L'examen se divise en deux épreuves :

La première comprend une composition écrite sur les services généraux de la Transportation dans les colonies pénitentiaires, sur le but de la loi de 1854, sur les moyens employés pour l'exécuter.

La seconde comprend des questions orales :

1° Sur les lois et règlements appliqués aux condamnés aux travaux forcés et aux colons de provenance pénitentiaire ; 2° sur les rapports administratifs du service pénitentiaire avec les autres branches de l'Administration coloniale ; 3° sur la solde et la comptabilité des vivres et du matériel ; 4° sur la géographie physique et politique de la France et des colonies françaises.

Art. 3. — Des examens auront lieu régulièrement tous les ans, dans chacune des colonies pénitentiaires, au mois de juillet ; le Ministre fixera chaque année et pour chaque colonie le nombre de places de commis-rédacteurs de 3e classe ouvertes au concours.

Art. 4. — Il est procédé de la manière suivante à la première partie de l'examen :

Les questions sont les mêmes pour les deux colonies et l'énoncé est adressé aux Gouverneurs sous enveloppe cachetée. L'ouverture de cette enveloppe doit être faite dans la colonie, en présence des candidats, par le Président de la Commission d'examen qui est ainsi composée :

Le Sous-Directeur de l'Administration pénitentiaire, président, ou à défaut, l'Inspecteur principal, ou le plus ancien des chefs de bureau ;

1 chef de bureau ;

1 inspecteur ou 1 sous-chef ;

1 commis-rédacteur, secrétaire.

Un des membres est désigné par le sort pour surveiller les candidats pendant la durée de la composition.

Il est accordé aux candidats 4 heures pour traiter la question administrative ; il leur est interdit, sous peine d'être exclus du concours, d'avoir aucune communication avec l'extérieur et de consulter aucun livre ou cahier.

Les compositions recueillies à la fin de la séance doivent être placées immédiatement sous enveloppe cachetée visée par le Président et transmises au Département par le plus prochain courrier, pour y être soumises à une Commission chargée de les examiner et d'arrêter la liste, par ordre de mérite, des candidats admis.

Art. 5. — Les épreuves orales ont lieu le lendemain du jour de la composition écrite. — Le sort détermine l'ordre dans lequel les candidats doivent être interrogés.

Les examinateurs dans la colonie expriment par des chiffres de 0 à 20, le mérite des candidats qu'ils ont interrogés.

Chacun des examinateurs inscrit ses chiffres sur un tableau destiné à être transmis à la Commission nommée en France.

Art. 6. — Aux notes données par les examinateurs sont jointes les notes particulières du Directeur de l'Administration pénitentiaire sur la manière de servir, la tenue et la moralité du candidat. — Ces notes sont exprimées par des chiffres de 0 à 20.

Art. 7. — Le mérite des compositions, des réponses à l'examen oral, et la manière de servir, la tenue et la moralité du candidat seront cotés d'après les chiffres de 0 à 20 comme suit :

....

....

Art. 8. — Sont appliqués aux chiffres obtenus pour la composition écrite, l'examen oral et les notes générales de l'employé, les coefficients suivants :

1° Composition écrite.. 12

Nul candidat n'est admis si la somme des points qu'il a obtenus est inférieure à 600.

Fait à Paris, le 7 septembre 1883.

A. PEYRON.

Les commis de l'Administration pénitentiaire débutent après un examen !

Pour arriver à la solde de 3,500 francs on leur impose un nouvel examen !

D'un autre côté les agents de cultures, des vivres et du matériel, etc., débutent sans examen et arrivent à une situation supérieure dans les bureaux sans y avoir jamais servi et n'avoir affronté aucun concours ?

Pièce N° 5

Interprétation du Décret du 26 octobre 1882

Paris, le 3 avril 1884.

MONSIEUR LE GOUVERNEUR,

Par lettre du 24 décembre 1883, n° 2,050, vous avez appelé ma bienveillance sur la situation qui est faite aux commis ordinaires de l'Administration pénitentiaire par le § 4 de l'art. 9 du décret du 26 octobre 1882.

Vous me faites justement remarquer qu'un certain nombre de bons serviteurs entrés dans l'Administration pénitentiaire avant le décret de 1882, seraient seuls à ne pas bénéficier des dispositions bienveillantes de la nouvelle réorganisation, parce que ayant dépassé l'âge de 40 ans, ils ne pourront subir les examens qui vont avoir lieu au mois de juillet prochain pour le grade de commis-rédacteur.

Prenant en considération les motifs que vous invoquez, j'ai décidé qu'il pourrait être fait à ces commis, à titre tout-à-fait exceptionnel, application des dispositions transitoires de l'art. 22 dudit décret, en ce qui concerne les fonctionnaires civils réunissant au moins dix années de service à l'Etat. Ces derniers pouvant être nommés chefs et sous-chefs de bureau, il est rationnel d'admettre qu'ils peuvent être appelés au grade inférieur de commis-rédacteur.

Par conséquent, je vous autorise à me présenter pour le grade de commis-rédacteur de 3e classe les commis ordinaires méritants, comptant plus de dix ans de service à l'Etat, et qui entrés dans l'Administration pénitentiaire antérieurement au décret de 1882 auront plus de 40 ans au moment des examens du mois de juillet prochain.

Il demeure bien entendu que cette dérogation à la règle tracée par l'article 9 du décret précité n'est admise que pour cette année et en faveur des employés réunissant les conditions ci-dessus indiquées.

Recevez, etc...
....Le Sous-Secrétaire d'Etat de la Marine et des Colonies,.........

FÉLIX FAURE.

Pièce N° 6

                                        Paris, le 7 juin 1884.

MONSIEUR LE GOUVERNEUR,

Par lettre du 4 mars dernier, n° 273, vous m'avez transmis, en l'appuyant d'un avis favorable, un rapport de M. le Directeur de l'Administration pénitentiaire, tendant à obtenir en faveur des commis de cette administration entrés au service antérieurement au décret du 26 octobre 1882 ;

1° Que la faculté de parvenir à la solde de 4,000 fr. déterminée par le décret du 27 avril 1878, leur soit maintenue ;

2° Qu'aucune limite d'âge ne soit imposée aux commis de l'ancienne formation ;

3° Que les avancements aient lieu au fur et à mesure des vacances qui se produiront dans le cadre de ce personnel.

Par une dépêche du 3 avril dernier, n° 273, je vous ai fait connaître l'interprétation bienveillante qu'il me paraissait possible de donner au décret du 26 octobre 1882, en ce qui concerne les commis ordinaires entrés dans l'Administration antérieurement audit décret et qui auront dépassé l'âge de 40 ans au moment de l'examen du mois de juillet prochain.

Il m'est impossible d'aller au-delà et, par suite, j'ai le regret de ne pouvoir accueillir les deux premières propositions de M. Telle.

En effet, la grande majorité des commis des 3e et 4e classes de l'ancienne formation, déjà préparés par un séjour assez long dans les bureaux de l'Administration pénitentiaire, a tout le temps nécessaire pour se mettre en mesure de passer avec succès l'examen avant l'âge de 40 ans, fixé par le § 4 de l'art. 9 du décret précité. Ceux qui n'auront pu, avant d'avoir atteint cette limite d'âge, être reconnus admissibles au grade de commis-rédacteur, ne pourront se plaindre des conséquences du décret de 1882, puisque l'Administration aura acquis la preuve qu'ils sont incapables d'occuper un emploi supérieur. Pour les mêmes raisons, il n'est pas possible d'admettre, ainsi que le demandent les commis, que le tiers des places vacantes dans le grade de commis-rédacteur leur soit réservé à l'ancienneté.

En ce qui concerne les avancements, je suis d'avis de maintenir la date du 1er janvier de chaque année.

C'est ordinairement à cette époque qu'est établi le budget et que l'on détermine d'une façon précise les sommes qui peuvent être affectées aux avancements ; j'ajouterai que le concours des commis-rédacteurs ayant lieu en juillet, les nominations de ces emplois, en tenant compte des délais de distance, ne peuvent être faites que pour le 1er janvier de chaque année. Or, il est indispensable de connaître les résultats de ce concours pour fixer le nombre de places vacantes dans chaque classe de commis ordinaires.

Recevez, etc.

Le Sous-Secrétaire d'Etat de la Marine et des Colonies.

Signé : FÉLIX FAURE.

OBSERVATIONS. — La lettre du 4 mars 1884, n° 273, n'a pu être reproduite, étant partie du cabinet du Directeur.

— Le Département à cette humble requête fait entendre que les commis qui ne seraient pas nommés rédacteurs à l'âge de 40 ans, ne pourront se plaindre des conséquences du décret de 1882.

Il nomme, en attendant, des agents de cultures commis-rédacteurs, et des gardes-magasins principaux sous-chefs de bureaux. Ils n'ont pour droit à ces avancements que leur traitement colonial et ils offrent, sans aucun doute, moins de garantie que les commis de toutes classes.

Pièce N° 7

Le décret du 26 octobre 1882 ne peut être modifié

(N° 684)

Paris, 16 septembre 1884.

MONSIEUR LE GOUVERNEUR,

Par lettres du 15 mai et du 24 juin 1884, votre prédécesseur a appelé l'attention particulière du Département sur la situation de MM. X. et Z., commis de l'Administration pénitentiaire, en faveur desquels il a sollicité une amélioration de situation par dérogation aux règles fixées par le décret du 26 octobre 1882.

J'ai le regret de ne pouvoir accueillir favorablement cette double demande. L'avis de nomination de M. X. est parvenu à Nouméa le 11 février 1883. Or le décret du 26 octobre 1882 a été promulgué dans la colonie le 23 décembre 1882, par conséquent, M. X. en acceptant l'emploi de commis de 3e classe connaissait la situation qui lui était faite par le décret de réorganisation du personnel de l'Administration pénitentiaire.

Quant à M. Z., nommé antérieurement audit décret, il peut conformément au § 4 de l'art. 9 concourir pour le grade de commis-rédacteur jusqu'à l'âge de 40 ans et je ne puis que maintenir à l'égard de cet employé la décision contenue dans ma dépêche du 7 juin dernier, n° 432, par laquelle j'ai repoussé les demandes de même nature formées par plusieurs de ses collègues.

Recevez, etc.

FÉLIX FAURE.

M. X. a concouru avant la promulgation du décret du 26 octobre 1882, il aurait pu être traité comme les commis de l'ancienne formation, ou bénéficier des dispositions de la dépêche bienveillante du 3 avril 1884, pièce n° 5.

Pièce N° 8

Candidature de M. G. à un emploi de Commis-rédacteur de l'Administration pénitentiaire.

(2e Sous-Direction. — 5e Bureau)

Paris, le 12 septembre 1884.

MONSIEUR LE GOUVERNEUR,

Par une lettre du 1er juillet dernier, n° 1,063, votre prédécesseur m'a transmis, en l'appuyant d'un avis favorable, une demande faite par M. G., secrétaire du Chef du 2e arrondissement à Canala, à l'effet d'être admis dans le personnel de l'Administration pénitentiaire en qualité de commis-rédacteur.

En vertu de l'art. 7 du décret du 26 octobre 1882 sur le personnel de l'Administration pénitentiaire, nul ne peut être nommé commis-rédacteur qu'après avoir appartenu, en qualité de commis ordinaire, à l'Administration pénitentiaire pendant un an au moins, et avoir subi les épreuves d'examen prescrit par l'arrêté du 7 septembre 1883.

Sont seuls dispensés de cet examen les bacheliers ès-sciences, ou ès-lettres, et encore, d'après la jurisprudence admise par le Département, les candidats pourvus de ces diplômes ne sont nommés d'emblée commis-rédacteur de 3e classe que s'ils comptent déjà plusieurs années de service dans une Administration métropolitaine ou coloniale.

M. G. n'étant ni bachelier ès-lettres, ni bachelier ès-sciences, ne peut donc être nommé commis-rédacteur.

Il reste, en conséquence, à examiner si ce candidat peut être nommé, sans passer d'examen, commis ordinaire de 1re classe.

En vertu des §§ 3 et 4 du même article 7, peuvent être nommés sans passer d'examen, commis de 1re classe, les candidats qui comptent au moins six années de service dans une Administration métropolitaine ou coloniale, et commis de 3e classe ceux qui ne réunissent que trois ans de service dans les mêmes conditions.

Or, M. G. a été nommé auxiliaire civil par décision ministérielle du 10 novembre 1878, il a donné sa démission le 15 janvier 1881 pour occuper l'emploi de secrétaire de Chef d'arrondissement, et il ne remplira les conditions voulues pour être nommé commis de 1re classe que le 10 décembre 1884.

J'examinerai donc, à cette époque, les titres de M. G. à l'emploi de commis de 1re classe, mais vous voudrez bien me faire connaître si, dans ces conditions, cet agent maintient sa candidature.

Je vous prie, en outre, de tenir compte des indications qui précèdent lorsque vous m'adresserez, à l'avenir, les demandes d'emploi de commis de l'Administration pénitentiaire faites par des candidats d'origine coloniale.

Recevez, etc.

Signé : FÉLIX FAURE.

Pièce N° 9

Au sujet d'une proposition d'avancement en faveur de M., commis ordinaire de l'Administration pénitentiaire.

Paris, le 18 septembre 1884.

(N° 695)

MONSIEUR LE GOUVERNEUR,

Par lettre du 18 juillet dernier, n° 1,255, votre prédécesseur m'a fait l'honneur de me recommander, pour un emploi de commis-rédacteur, M., commis ordinaire de l'Administration pénitentiaire.

Ainsi que je vous l'ai fait connaître par ma dépêche du 14 août dernier, n° 599, MM. ... et ... étant pourvus tous deux du diplôme de bachelier, ont été nommés commis de 1re classe à compter du 1er juillet dernier.

Dans ces conditions, je pense que M. devra justifier un nouvel avancement par de nouveaux services. L'article 7 du décret du 26 octobre 1882 dispense, il est vrai, les bacheliers de l'examen prescrit par le § 2, mais les employés pourvus du diplôme qui veulent arriver promptement rédacteurs, peuvent comme l'a fait M., conquérir ce grade par l'examen.

Recevez, etc.

Signé : FÉLIX FAURE.

En comparant les dépêches des 23 juillet 1883, 12 septembre 1884 et 18 septembre 1884, on remarque que le Département est toujours disposé à favoriser les candidatures étrangères au détriment du personnel de l'Administration. — Comparer ces dépêches.

Pièce N° 10

Demande de renseignements sur les Surveillants principaux des établissements pénitentiaires.

(Service central des colonies. — 2e Sous-Direction. — 5e Bureau.)

(N° 61)

Paris, le 22 janvier 1885.

Monsieur le Gouverneur ,

Le § 2 de l'article 13 du décret du 26 octobre 1882 prévoit l'admission des employés et agents de l'Administration pénitentiaire jouissant d'un traitement minimum de 4,000 fr. aux grades de commandant de pénitencier et d'agent de colonisation.

Par application de ces dispositions et en vue de faciliter l'accès des emplois supérieurs aux surveillants principaux méritants et instruits, je serais disposé à réserver certains emplois de commandants de pénitenciers à ceux de ces agents militaires qui pourraient être proposés à cet effet.

J'ai l'honneur, en conséquence, de vous prier de me faire parvenir un état présentant des renseignements précis sur les aptitudes, l'intelligence, la moralité, l'éducation et la tenue des surveillants principaux en service dans la colonie. Je désire, en outre, afin de pouvoir apprécier personnellement le degré d'instruction de ces agents militaires, recevoir l'un des rapports qui ont pu être rédigés par chacun d'eux pendant l'année 1884. Ces documents seront renvoyés par mes soins, dans le cas où il y aurait intérêt pour le service à ce qu'ils soient réintégrés dans les archives de l'Administration pénitentiaire. Vous voudrez bien ajouter aux renseignements qui précèdent vos propres appréciations sur chacun de ces surveillants principaux et développer les motifs qui vous paraissent de nature à fixer le choix du Département.

En outre, comme il résulterait pour ces agents une diminution provisoire dans le taux de la pension de la retraite provenant du passage d'un emploi militaire à une fonction civile, il conviendra sans doute de pressentir les dispositions des candidats que vous croiriez présenter pour l'emploi de commandant de pénitencier et de vous assurer qu'ils seraient disposés à abandonner leur situation actuelle.

La différence des pensions de retraite paraît devoir être compensée par l'augmentation de solde dont ils bénéficieront immédiatement et disparaîtrait si leur âge leur permettait d'arriver à la 1re classe de leur emploi de commandant de pénitencier.

Recevez, etc.

Signé : Félix FAURE.

Les commis de l'ancienne formation et ceux nommés au moment de la promulgation du décret du 26 octobre 1882 ont été admis dans les cadres de l'Administration pénitentiaire en conformité de l'arrêté ministériel du 9 mars 1881 (voir pièce n° 2).

Cette dépêche démontre clairement la bienveillance du Département à l'égard du personnel étranger aux bureaux. Comme toujours, le programme d'examen du 7 septembre 1883, pour l'emploi de commis-rédacteur, qui ouvre la carrière dans l'Administration pénitentiaire, reste seul imposé aux commis des trois dernières classes. Ils ne peuvent, paraît-il, ni à l'ancienneté, ni au choix, offrir les mêmes garanties de capacité que ceux qui n'ont jamais servi dans les divers détails de l'Administration, mais qui ont 4,000 fr. d'appointements.

Pièce N° 11

Au sujet du Personnel de l'Administration pénitentiaire en Nouvelle-Calédonie.

2e Sous-Direction. — 5e Bureau

Paris, le 5 mars 1885.

(Courrier arrivé le 28 avril, n° 65. — Copie n° 138.)

MONSIEUR LE GOUVERNEUR,

Par lettre du 24 décembre dernier, n° 2,514, vous avez de nouveau appelé mon attention sur la situation du personnel de l'Administration pénitentiaire et vous m'avez fait connaître que sur les 60 commis prévus au budget, y compris les 4 officiers d'administration, il n'y en avait que 50 présents dans la colonie.

Par ma dépêche du 27 janvier dernier, je vous ai notifié les mesures prises par le Département pour maintenir au complet l'effectif des commis de l'Administration pénitentiaire.

Quant à la demande contenue dans le 5e § de votre lettre précitée et tendant à faire admettre en principe que les cadres ne seront complétés à l'avenir que par des nominations aux postes de début, je dois vous faire remarquer que cette proposition est contraire aux prescriptions de l'art. 7 du décret du 26 octobre 1882, qui a admis pour certains candidats le droit d'être nommés d'emblée commis-rédacteurs de 3e classe ou commis de 1re classe. Toutefois, vous avez dû remarquer que pour ne pas entraver l'avancement des commis ordinaires, les candidats pourvus d'un diplôme de bachelier ès-lettres ou ès-sciences qui pouvaient prétendre à un emploi de commis-rédacteur, n'ont tous été nommés que commis de 1re classe.

L'Administration pénitentiaire a tout intérêt à voir admettre dans ses cadres des jeunes gens pourvus de diplômes universitaires ou d'anciens employés des ports ou des administrations publiques qui, par leurs connaissances administratives ou par leur instruction, formeront le noyau d'une catégorie d'employés appelés à occuper, plus tard, les fonctions supérieures du Service pénitentiaire.

Les résultats de l'examen pour le grade de commis-rédacteur m'ont permis de constater que les commis ordinaires de l'ancienne formation ont une instruction administrative et littéraire très-incomplète et j'ai pensé qu'il importait actuellement de se préoccuper du recrutement non pas seulement au point de vue des intérêts particuliers des anciens employés de la Transportation, mais encore au point de vue du service en général.

D'ailleurs les nominations faites par le Département dans les conditions prévues au décret du 26 octobre 1882, ne nuisent en rien à l'avancement du personnel de l'Administration pénitentiaire et comme je vous l'ai fait remarquer dans ma dépêche du 27 janvier, si certains commis n'ont pas reçu la récompense de leur zèle et de leur dévouement, cela tient au retard apporté par l'Administration locale dans l'envoi des notes confidentielles et des propositions d'avancement.

FÉLIX FAURE.

L'arrêté ministériel du 11 février 1885, pris en vertu du décret du 11 janvier même année, relatif à la réorganisation de l'Administration centrale des colonies, exige pour les candidats à l'emploi de commis de 1re classe, un examen en tous points équivalent à celui imposé aux débutants à l'emploi de commis de 3e classe dans l'Administration pénitentiaire. (Voir pièce n° 2).

Les commis de l'Administration centrale peuvent, après deux ans de présence dans les bureaux de la Métropole, c'est-à-dire après avoir obtenu l'emploi de commis de 3e classe, être nommés *directement* sous-chefs de bureau de l'Administration pénitentiaire, en conformité de l'art. 8 § 6 du décret du 26 octobre 1882.

Offrent-ils plus de garanties que les commis actuels de l'Administration coloniale qui, bercés depuis longtemps déjà dans la marche des affaires, sont seuls assujettis à un nouveau concours pour passer simplement rédacteurs et qui ne peuvent arriver sous-chefs qu'une dizaine d'années après leur entrée dans l'Administration.

Il en est de même des agents de cultures, des vivres et du matériel, sans oublier les surveillants principaux qui peuvent arriver à cet emploi supérieur sans avoir servi un seul instant dans les bureaux et sans subir aucune espèce d'examen.

Ces privilèges exclusifs à l'égard d'un personnel qui s'est expatrié à 6 mille lieues de la Mère-patrie et de la famille dans l'espoir d'arriver à une situation avantageuse, sont-ils justes? Le bon sens, seul, en est le juge.

Nouméa. — Imprimerie Civile.

www.ingramcontent.com/pod-product-compliance
Lightning Source LLC
Chambersburg PA
CBHW061641060726
47597CB00005B/2006